GUYANE FRANÇAISE

GUYANE FRANÇAISE

DE LA TRANSPORTATION

ET DES

ÉTABLISSEMENTS PENITENCIERS

PAR

HYPOLITE FENINGRE

Ex-Pharmacien de la Marine à l'hôpital militaire de Cayenne.

LILLE

IMPRIMERIE Mme BAYART, PLACE DE RIHOUR, 11.

— 1864 —

PRÉFACE.

Mon but, en écrivant cet opuscule, n'a pas été de faire de la littérature.

Un ex-pharmacien de marine n'est pas un homme de lettres, et je dois avouer que je connais peut-être mieux les formules du *Codex* que les tournures du beau langage. Aussi dois-je réclamer l'indulgence du lecteur en le priant de s'attacher non à la forme, mais au fond. Si ces quelques notes sur la Guyane pouvaient servir de point de départ à certaines réformes tendant à améliorer le sort de nos transportés, et à transformer l'état de notre colonie, je serais largement récompensé. — Fort du bien auquel j'aurais contribué dans ma petite sphère, je me rirais du titre de littérateur, auquel je n'ai jamais eu la prétention d'aspirer.

H. FENINGRE.

Lille, le 10 décembre 1863.

GUYANE FRANÇAISE

I

Aspect général de la rade et de la ville de Cayenne.

Un admirable rideau de palétuviers, qui plongent dans la mer l'extrémité de leurs longues racines, borne de tous côtés l'horizon, et forme l'entrée de la rade, à droite, sur le second plan, se dresse la montagne Tigre, et au fond s'élève en amphithéâtre la ville de Cayenne.

L'aspect d'une végétation vigoureuse et luxuriante, repose agréablement la vue du navigateur fatigué par une longue traversée, et ce panorama verdoyant qui s'offre aux premiers regards dans toute sa fraîcheur, prévient tout d'abord en faveur de la nature du climat. On peut supposer que derrière ces paltéuviers vont se dérouler de riantes et fertiles vallées ; mais la nature ne recouvre ce sol rougeâtre et sablonneux d'une si brillante parure que pour mieux en cacher l'infécondité relative.

A la marée haute, le port de Cayenne n'a qu'une profondeur de quatre ou cinq mètres ; aussi les navires de guerre ou de commerce ne jaugeant pas moins de cinq cents tonneaux, mouillent très au large, et presque tous doivent jeter l'ancre aux îles du Salut.

Le fond est très vaseux, et les terribles raz-de-marée, qui règnent dans cette partie de l'Océan, remuent constamment et charrient vers le rivage une boue fétide, dont les émanations délétères sont une des principales causes de l'insalubrité de la Guyane française, principalement dans les terrains bas qui avoisinent la mer, et sur lesquels nous sommes établis.

Lorsqu'on découvre la ville, on distingue, tout d'abord, l'hôpital de la marine, le fort, et le débarcadère. L'aspect de ces trois constructions, indices de la civilisation européenne, leur architecture massive et monotone, loin d'égayer l'âme, l'attristent, et semblent faire honte à cette magnifique végétation, qui apparaît alors dans toute sa sauvage splendeur. La rue principale est sombre, sale et mal pavée. De chaque côté, des cases en bois s'échelonnent sur une pente escarpée, et l'on arrive à la ville moderne à travers un dédale de maisons qui n'ont pas même le mérite d'être pittoresques : ici l'aspect change, les habitations sont en bois et construites presqu'avec élégance, les rues sont droites, mais tristes, silencieuses, et sans aucun arbre contre les râyons du soleil.

La ville de Cayenne manque complètement d'eau potable, bien qu'elle ait à proximité, une fontaine fraîche, saine et abondante. On doit regretter que l'édilité ne fasse aucun sacrifice pour transformer en petits canaux d'eau courante cette source, qui procurerait à la ville une fraîcheur salutaire, et d'autant plus indispensable qu'il est impossible, comme nous venons de le dire, de se garantir des rayons d'un soleil torride reflétés par une terre rougeâtre et pulvérulente.

Partout ces rayons miroitent à profusion; par intervalles des bouffées de chaleur suffocante et chargée de vapeurs humides traversent les airs ; on n'entend aucun bruit, tristesse ou gaîté, tout est morne et silencieux. La nature seule fait entendre un murmure mal défini, une rumeur étouffée, qui révèle sa mystérieuse activité. Obéissant à l'impulsion vigoureuse de la chaleur torride et de l'humidité pénétrante, la végétation brave le sol, et s'élance pleine de sève et de vie au-dessus de la ville attristée.

Vue à vol d'oiseau, la ville de Cayenne présente une série de rues très régulièrement alignées ; au-dessus des habitations apparaissent les touffes verdoyantes des cocotiers et des palmistes, dont les troncs herbacés, droits et sans branches ne donnent aucune ombre aux habitants forcés de s'exposer pendant le jour aux rayons de ce soleil de feu.

II

Topographie et géologie de la Guyane.

A la Guyane l'eau arrive de toutes parts ; d'abord les vents alizés du sud-est et du sud-ouest, chassent devant eux les vapeurs que le soleil enlève à la mer, ces vapeurs vont se heurter au premier massif de montagnes formé par le soulèvement des Cordillières, se condensent dans les forêts, et retombent en pluies abondantes qui alimentent un système très compliqué de ruisseaux, de rivières et de fleuves.

Tous ces cours d'eau, se précipitent à la mer, en contournant les marnes, inondant les plaines, creusant des lits larges et profonds ; cette masse liquide ne pouvant s'écouler par ses canaux naturels, transforme d'immenses étendues de pays en marais impénétrables.

Toute la plaine comprise entre la montagne et l'Océan se trouve sensiblement au-dessous du niveau de la mer. Aussi les travaux de canalisation entrepris, à plusieurs reprises, par l'administration sont-ils restés sans résultat. L'eau, il est vrai, s'est écoulée en partie pendant la saison sèche par les conduits artificiels, mais à la saison des pluies, elle est revenue avec plus d'abondance. Le dessèchement de ces marais a été jugé impraticable, et ceux qui espéraient assurer la colonisation par ce moyen ont dû s'incliner devant ces grands obstacles de la nature.

Le soleil d'une part, la nature du sol de l'autre contribuent à entretenir sur la surface de la Guyane deux courants puissants et contraires, l'un de vapeurs, s'éloignant de la mer, l'autre d'eau, revenant par mille détours au grand réservoir qui l'a formée.

Au centre de la Guyane s'élève la chaîne principale de montagnes qui forment sa charpente; elle s'étend par une série de monticules et de vallées, jusqu'à dix lieues environ de la mer, où commence la plaine.

La constitution du sol dans les régions un peu élevées est uniformément composée d'humus à la surface, d'une couche de silice placée immédiatement au-dessous, d'argile produite par la décomposition du feldspath, et d'une assise formidable de gros granit. Cet épanchement granitique a pour origine le soulèvement du continent à la formation duquel il a puissamment contribué.

Le kaolin argileux provient de la décomposition directe d'un de ses éléments constituant, et la silice d'un dépôt postérieur; quant à l'humus, les détritus végétaux ont pu à grand peine en constituer quelques couches assez épaisses sur certains points.

Mais l'absence complète des matières calcaires, qui ont une si grande influence sur les productions du sol, en empêchera toujours la fécondité; car personne n'ignore que les matières calcaires servent à réparer les pertes considérables que la culture fait éprouver aux régions granitiques.

Il ne faut pas croire que la couche végétale fournira toujours des produits magnifiques; la nature quant elle agit seule, rend à la terre ce quelle a fait surgir; la matière lui revient sous forme d'engrais, et maintient toujours un équilibre parfait entre les forces émises par la végétation et les besoins du sol.

Nous avons sous les yeux l'exemple de l'Amérique septentrionale : les forêts vierges livrent aux colons dix pieds de terre végétale, mais après dix ans d'exploitation tout est épuisé, le sol reste sans sucs nutritifs et la stérilité commence.

Malgré ces inconvénients les rivages de la mer pourraient donner aux cultures avoisinantes un peu de carbonate de chaux, sous forme de détritus, de coquilles ou de madrépores, mais cette source de richesse ne pourrait s'étendre bien loin, et la main des hommes serait impuissante pour aider la nature, car les transports sont très difficiles dans ce triste pays.

La colonisation est circonscrite par les montagnes d'une part et par la mer de l'autre. La plaine où s'épuisent nos efforts a à peine six lieues de large ; elle est entièrement formée d'alluvions charriées par des fleuves nombreux, et composée de sables perméables. Si une culture méthodique était praticable, elle devrait comprendre trois zônes différentes, les terres hautes, les terres basses, et les savanes, presque constamment noyées. Où y a-t-il espoir de prospérité? Une seule plante semblait avoir trouvé dans ces régions inondées tous les éléments nécessaires à son développement : c'est le *Rocou*, encore ne donne-t-il pas toujours de récoltes abondantes, et cette seule plante tinctoriale ne saurait faire la fortune de la colonie, surtout en raison du bas prix auquel elle est livrée au commerce. Veut-on cultiver la canne à sucre ? quelque chiffres vont suffire pour démontrer que cette culture n'offre que de faibles ressources. Vers 1726 il existait à la Guyane vingt établissements fabriquant du sucre ou du rhum; en 1837, le nombre était de 45; aujourd'hui il est descendu à 13. Il ne faut pas même penser au cacao et au coton ; ce sont autant de cultures sans résultats, pour ne pas dire ruïneuses.

Les légumes et les fruits deviennent très gros, mais extrêmement aqueux et ne peuvent servir que très imparfaitement à l'alimentation.

En examinant les productions du sol, on arrive à cette conclusion que toute plante étrangère se modifie singulièrement et meurt au bout de quelque temps, sur cette terre sablonneuse et sans sucs nutritifs, et qu'il n'y a que celles qui sont indigènes, comme le rocou, qui offrent quelques rares ressources à l'alimentation et à l'industrie. On peut s'étonner de l'élan de la végétation dans certaines parties de la Guyane, en voyant des plantes herbacées pousser des tiges si volumineuses et si élevées, qu'elles ressemblent au premier abord aux arbres de nos forêts, et douter un instant de la stérilité du sol ; mais en observant bien, on comprend que toute cette végétation si belle n'est qu'un effet de soleil et d'eau sur quelques végétaux prédestinés.

Mais supposons un instant que l'on puisse améliorer le sol, creuser des canaux, et transporter dans l'intérieur des matières calcaires, que l'on découvre des propriétés précieuses dans quelques végétaux indigènes, que l'on crée, en un mot, ce qui n'existe pas, de quelle manière la colonie écoulera-t-elle ses produits ? Le peu de profondeur de la rade s'oppose au mouillage des gros navires; cet inconvénient immense oblige, avons-nous dit, tous les vaisseaux venant de France à relâcher aux îles du Salut, distantes de 25 kilomètres de Cayenne. Un nouveau transport est donc nécessaire pour prendre ce qui est envoyé d'Europe et embarquer les produits de la colonie. Et notez qu'on parcourrait en vain les côtes de la Guyane pour trouver une rade plus sûre, un endroit plus abordable ; partout la vase et les palétuviers. Ces arbres envahissent la mer, portés d'abord par un îlot tremblant de racines et de boue, et lorsqu'ils ont commencé à s'y fixer, de nombreuses pousses descendent peu à peu du sommet jusqu'à l'Océan, et prennent possession d'un nouvel espace; soutenus pendant longtemps par l'arbre qui leur a donné naissance, ces rejetons finissent par se créer eux-mêmes une assise, en retenant dans leurs racines enchevêtrées, les coquilles et les détritus, de sorte que chaque palétuvier qui s'avance dans la mer prolonge ainsi le littoral vaseux.

Comment pénétrer à travers cet amas de racines, de troncs et de branches? Comment écarter la boue fétide qui obstrue les abords ? Ces obstacles naturels semblent être les sauvages gardiens de leur terrible patrie; ils sont comme un premier avertissement donné à l'homme de ne pas franchir ces rivages mouvants. Aussi me permettra-t-on de dire que c'est par pure hyperbole qu'on a pu donner à cette terre infertile le nom de *France équatoriale*.

Les premiers colonisateurs ne se sont pas demandé quelles devaient être les destinées de l'établissement qu'ils fondaient. En effet, où mène la Guyane? nulle part; elle aboutit à une forêt impénétrable et ne se trouve sur le chemin d'aucun navire marchand. Elle ne peut pas servir d'entrepôt ni de refuge, encore moins d'occupation stratégique; de plus, sa production est nulle ou presque nulle; c'est enfin un pays perdu entre deux puissances commerciales, le Brésil et la Guyane hollandaise; et, pour qui connaît l'état actuel du pays, il est évident que les efforts, le temps, les hommes qu'il faudrait pour arriver à un résultat demi-satisfaisant seraient si considérables, qu'il y aurait folie à tenter l'entreprise.

Puisque tout ce qui est connu ne laisse aucun espoir, pourquoi ne pas se décider à sonder l'inconnu ? Au fond de la Guyane, c'est-à-dire à quelques lieues de la mer, la forêt commence. Elle est vierge et dans toute sa vigueur. Les lianes sont innombrables, entremêlées, inextricables; à partir de là, rien n'est exploré.

On a dit que dans ces pays, inaccessibles aux vents de la mer, la température devenait de plus en plus lourde et suffocante; on a peuplé de dangers peut-être imaginaires ce mystérieux refuge de quelques peuplades sauvages; comme toujours, ce que l'on ne connaît pas est effroyable, et la pensée qui porte si bien la clarté sur ce qu'elle conçoit, n'a fait qu'obscurcir ce qu'elle ne pouvait pénétrer. Mais l'examen sérieux de la position qu'occupent ces profondeurs boisées pourrait peut-être dissiper toutes ces craintes.

Il est certain que les premières assises, qui viennent se terminer à la plaine alluviale sur laquelle nous sommes établis, atteignent, en se superposant, une hauteur assez considérable. Le climat, si funeste à Cayenne, doit s'améliorer à mesure que le sol s'élève en s'éloignant du niveau de la mer. Les principales causes d'humidité disparaissent, et la chaleur ardente doit faire place peu à peu à un air sec et tempéré, de sorte que, entre les rivages brûlants et les cîmes glacées, il doit exister un milieu bienfaisant, où nous pourrions presque retrouver notre température natale, et par conséquent toute notre vigueur physique et morale.

Un mobile encore plus puissant pourrait déterminer ces recherches à travers l'inconnu. Depuis longtemps on a reconnu que les rivières du Maroni, de l'Oyapoch, etc., charriaient en quantités considérables, des sables aurifères; j'en ai rapporté plusieurs pépites trouvées sans peine dans les roches quarzteuses formant le premier contrefort.

Ces sables proviennent certainement de la désagrégation des terrains supérieurs; on peut donc présumer qu'en remontant plus haut dans les terres, une source de richesses toute nouvelle jaillirait pour la France. Le sol, en s'élevant, deviendrait peut-être plus fécond, et il livrerait à ceux qui pourraient le conquérir, l'agent tout-puissant des transactions industrielles, l'*Or!*

La zône géologique occupée par le précieux métal est immense à la surface du globe; elle s'étend tout le long de la chaîne de l'Oural, depuis Ekaterinenburg jusqu'à la mer glaciale, sur tout le cours de l'arête montagneuse qui sépare la Sibérie méridionale de l'empire chinois; depuis les hauts plateaux des Kirghiz jusqu'au sommet du fleuve Amour; elle recouvre également une partie des deux Amériques. En résumé, nous allons bien loin pour trouver de nouvelles terres, de nouveaux sujets d'études, tandis qu'à proximité d'un établissement français, improductif et meurtrier, il existe un pays sain et certainement riche. Il ne faut que se frayer une route à travers des obstacles très grands, sans doute, mais qui ne doivent effrayer ni le courage des hommes résolus ni le génie de l'industrie française.

III

Influence du climat de la Guyane française sur les végétaux et les animaux.

Les végétaux et les animaux atteignent, dans cette portion de l'Amérique méridionale, des proportions considérables, et se développent à l'infini, sous l'influence de cette température à la fois brûlante et humide.

Certaines plantes herbacées acquièrent un tel développement qu'elles ressemblent aux arbres de nos forêts. On y rencontre des bacoviers, des bananiers dont les tiges ont 10 mètres de hauteur et 20 centimètres de diamètre; leurs troncs volumineux, composés de matières fibreuses et molles, englobant une énorme quantité d'eau de végétation, ont si peu de consistance, qu'ils peuvent être tranchés d'un seul coup de sabre.

La vase qui forme le fond du port de Cayenne est le refuge d'une quantité considérable de requins; la plus grande partie de ceux qui sont pêchés ont rarement plus d'un mètre de long; ils servent à la nourriture des naturels du pays Les plus gros, qui atteignent souvent 10 mètres, se prennent plus difficilement et surtout plus au large.

Tout ce que l'on a pu écrire sur la voracité de ces monstres marins est loin d'être exagéré. Aux îles du Salut, où les transportés morts sont jetés à la mer, nous pouvions voir les cadavres saisis et entraînés presqu'aussitôt. On trouve certaines espèces de crapauds dont le poids va jusqu'à un et même deux kilogrammes ; des lézards, dits lézards-caïmans, atteignent jusqu'à un mètre de longueur. Cette température exceptionnelle produit un nombre considérable de serpents se variant à l'infini, les uns de 10 à 15 mètres de long ; d'autres, au contraire, ayant à peine 60 à 75 centimètres, mais dont la piqûre produit une mort presqu'instantanée.

L'Européen renfermé dans sa case n'est pas à l'abri de la voracité des insectes et des animaux de toute espèce. Sans parler de ces innombrables moustiques qui, pendant la saison des pluies, s'introduisent dans le nez, dans la bouche, et ne laissent aucun repos, on peut citer comme très communs et très nuisibles la *Puce pénétrante*, la *Lucilia homini vorax*, et le *Vampire*.

Les *Puces pénétrantes* ou *Chiques* pullulent dans toutes les parties de la Guyane française, principalement dans les nouveaux défrichements; il est presque impossible de s'en garantir. Ces insectes, qui s'attaquent presque toujours aux pieds, pénètrent sous l'épiderme, et y déposent leurs œufs enveloppés dans une espèce de poche. Ces œufs éclosent et donnent naissance à des vers qui peuvent, si l'on n'y prend soin, occasionner des ulcères assez sérieux pour nécessiter quelquefois l'amputation. Pour prévenir ces funestes effets, il faut enlever la poche qui contient les œufs, au moment où elle vient d'être formée. C'est ce que font très adroitement les naturels : ils saisissent cette poche à l'aide de la pointe d'une épingle, qu'ils introduisent sous l'épiderme, après avoir fait préalablement une petite incision.

La *Lucilia homini vorax* est un insecte encore plus dangereux. C'est une espèce de mouche qui fréquente la lisière des forêts nouvellement défrichées; elle pénètre pendant le sommeil, soit dans les fosses nasales soit dans le conduit auditif externe, elle y dépose ses œufs qui éclosent presqu'immédiatement, et le malade ne s'aperçoit de la présence des vers formés que lorsqu'ils ont déjà attaqué les parties molles et internes du nez et du cerveau; à de très rares exceptions près, ces piqûres entraînent la mort, car la médication rationnelle est extrêmement difficile. Comment, en effet, se servir de substances assez énergiques pour détruire tous ces vers qui pullulent presqu'instantanément, sans léser dangereusement des organes aussi délicats. La nature de ce terrible insecte n'a pas encore été bien déterminée ; les vers des *lucilia*, sortis des fosses nasales des malades et mis dans des conditions convenables pour éclore, n'ont pas produit les mêmes mouches.

Les *vampires*, ces gigantesques chauves-souris, si voraces et si abondantes, habitent principalement les forêts. L'Européen qui n'a pas eu la précaution de bien fermer la moustiquaire de son lit est certain d'être attaqué pendant son sommeil par les vampires. Ils pénètrent dans les cases toujours mal fermées, en raison de la chaleur, trouvent à découvert les tempes et les pieds des dormeurs ; ils s'y attaquent, et ceux-ci se réveillent baignés dans leur sang après un long cauchemar. Le noir est très rarement atteint ; l'odeur pénétrante qui s'exhale de sa peau le préserve sans doute de la morsure.

Pendant mon séjour à la Guyane, je fus détaché en service dans l'intérieur de la colonie. A l'aspect de ces productions si grandioses et si nuisibles à l'Européen, je ne pus me défendre d'une certaine émotion. Les premières nuits surtout, mes impressions furent effrayantes. Les cris des singes hurleurs, les coassements de ces énormes crapauds, si abondants que l'on croit toujours les voir ou les toucher, les mille bruits de la forêt, jetèrent dans mon âme un sentiment de tristesse profonde; je me demandai quel pouvait être le but du gouvernement en envoyant ses condamnés dans cette partie du globe, où l'on trouve une mort lente, précédée d'un anéantissement complet des facultés physiques et morales.

L'Européen nouvellement débarqué dans la colonie éprouve une série d'impressions dont les premières sont presque douces, mais qui deviennent insensiblement sombres, tristes et navrantes. Alors la pensée se tourne invinciblement vers la patrie absente, vers cette belle France. Adieu les enthousiasmes d'autrefois ! Il faut lutter corps à corps avec le soleil, le climat, la nature entière, fléaux terribles, qui, sous mille formes, s'attachent à l'Européen comme à une proie, dont ils sont sûrs d'avoir, sinon la vie, au moins une partie de lui-même, en altérant profondément sa constitution.

La chaleur du climat produit de continuelles émanations paludéennes, qui entretiennent des fièvres intermittentes tellement rebelles, que les médications les plus énergiques sont souvent impuissantes. Lorsque le tempérament d'un individu vigoureux et robuste n'est pas d'abord sérieusement atteint, il éprouve néanmoins un affaiblissement graduel de ses facultés. Cette cessation progressive de tous les besoins impérieux, de tous les élans d'imagination, a beaucoup de charmes quand on s'y abandonne d'abord ; mais si l'on réfléchit que l'on marche vers un dénoûment funeste, il s'établit une lutte extrêmement pénible entre le corps qui s'affaisse, et l'esprit qui conserve assez de lucidité pour s'effrayer de l'avenir heureux : encore lorsque cet appel désespéré à l'énergie n'augmente pas le mal.

L'énergie, cette belle fleur du Nord, se flétrit la première aux rayons de ce soleil des tropiques; avec elle disparaissent l'activité, les besoins qui aiguillonnent, le désir de vivre, quelquefois même l'intelligence. Dompté par cette nature meurtrière, attristé par la conscience de son affaisement, l'homme devient indifférent à tout, un sentiment unique d'égoïsme effrenné s'empare de lui, peu lui importent les autres, *il faut vivre!*

IV

DE LA TRANSPORTATION

Condamnés pour crimes. — Transportation des femmes. — Transportés pour délits politiques. — Résultats obtenus.

Le décret de 1852, en remplaçant la peine des travaux forcés par celle de la transportation, a été rendu dans un but d'incontestable utilité. Il fallait débarrasser la France de tous ces criminels, qui, par leurs évasions réitérées menaçaient continuellement la société. L'établissement de la Guyane a atteint le but comme châtiment, mais, par sa position, son climat, sa nature même, il ne laisse au repentir aucun espoir d'un avenir meilleur. Le condamné transporté à la Guyane sait qu'il est un homme à peu près rayé de la liste humaine.

D'après le décret de 1854, tout condamné à moins de huit années de travaux forcés et transporté doit doubler sa peine avant de rentrer en France. Tout individu condamné à plus de huit années doit rester perpétuellement à la Guyane. Il est certain qu'après un séjour de 12 années en moyenne dans les conditions faites au condamné par le climat et les rigueurs de la discipline, bien faible doit être le nombre de ceux qui rentrent en France.

Ceux-là, du reste, qui reviennent, sont tellement anémiques qu'ils peuvent à peine compter comme vivants.

L'intention des juges, en appliquant la peine de huit années de travaux forcés n'a pas été certainement d'entendre par là une condamnation perpétuelle, toute transformée qu'elle pût être en déportation ; il semblerait donc juste et normal qu'un condamné qui a terminé sa peine soit libéré. La société a, du reste, des moyens de répression assez énergiques pour punir les récidivistes; le coupable pris en flagrant délit est arrêté et immédiatement transporté à la Guyane, où il forme la catégorie des repris de justice, condamnés aux mêmes travaux et à la même discipline que les forçats.

Le choix de la Guyane française comme lieu de transportation, a dû être une mesure prise sans études préalables, tant sur le climat que sur les ressources du sol; et, sans vouloir approfondir ici les raisons qui ont pu déterminer le Gouvernement à envoyer ses condamnés dans cette partie du globe, je crois pouvoir dire que jamais position ne fut moins bien choisie pour fonder une colonie pénitentiaire. Aussi, lorsqu'après dix ans d'essais infructueux, le résultat est venu prouver jusqu'à l'évidence que tous ces sacrifices d'hommes et d'argent ont été et seront toujours inutiles, l'humanité et l'économie réclament hautement non contre le système pénitentiaire, mais contre sa position.

Tout en estimant fort peu la valeur morale de ces hommes bannis de la société, on doit certainement reconnaître chez quelques-uns de l'intelligence, du courage et souvent du repentir. Pourquoi, si l'on pouvait, sans danger pour la sécurité générale, utiliser ces levains de bons sentiments, ne pas modifier le système de colonisation adopté jusqu'à présent, puisqu'il est reconnu vicieux. Pourquoi persister à se maintenir sur cette terre deshéritée, où tout Européen succombe rapidement aux influences meurtrières du climat.

Le gouvernement prend également une grande responsabilité morale, envers les officiers, employés, militaires, dont la santé se trouve toujours très gravement compromise par leur séjour réglementaire à la Guyane. En les obligeant à remplir un devoir que l'humanité discute, on les expose aux mêmes souffrances et aux mêmes périls que les transportés, dont ils sont les consolateurs ou les gardiens. Quand l'officier, qui peut se procurer à peu près tout ce qui lui est nécessaire, est lui-même plus ou moins gravement atteint, dans quelle position devra se trouver le transporté, presque toujours exposé à l'ardeur du soleil pendant le jour, et à l'humidité de l'atmosphère pendant la nuit, lorsqu'il n'a pour réparer ses forces et renouveler ce qu'il perd par la transpiration, qu'une nourriture insuffisante ? Il ne saurait résister longtemps.

Quelles ressources l'Etat peut-il attendre de ce colon sans énergie, sans force, et, il faut le dire, sans aucune bonne volonté, qui n'a aucun résultat à espérer de son travail, qui n'a en perspective que l'hôpital, et fatalement une fin misérable. Si la mortalité semble décroître relativement, il ne faut pas en conclure que la santé générale soit meilleure ; en effet, la moindre épidémie fauchera tous ces hommes au sang appauvri, à l'âme sans énergie.

Il y a des transportés qui ne sont pas complètement pervertis; ce sont ceux qui, pour un moment d'oubli et d'égarement, subissent les rigueurs de la loi. Ces malheureux, leur dette payée à la loi et à la société, n'ont-ils pas quelques titres à l'indulgence ? devront-ils être continuellement assimilés aux voleurs et aux assassins ? Il doit y avoir avec ces hommes des essais de réhabilitation à tenter. Par cela même qu'on trouve dans cette catégorie de condamnés une certaine éducation première, une certaine instruction, cela indique derrière eux une famille présentant quelques ressources, qui empêche alors l'Etat de soulager son budget, et le condamné de sortir de cette position dégradante ?

La législation actuelle réunit tous les transportés, quels que soient leur peine et le crime pour lequel ils ont été condamnés. Leur temps de condamnation fini, ils sont dirigés sur un pénitencier d'internement, et sont soumis aux mêmes travaux, aux mêmes fatigues et à la même discipline que les transportés qui subissent encore leur peine, et ils sont au moins aussi misérables que lorsqu'ils subissaient le châtiment de leur crime. Quelques-uns sont envoyés dans des habitations particulières et y sont attachés soit comme domestiques soit comme journaliers; mais, lorsqu'ils arrivent chez les colons propriétaires, ils sont toujours dans un tel état d'épuisement qu'ils ne peuvent être utilement employés. D'autres sont dirigés sur l'établissement de Saint-Laurent-Maroni, et forment cette catégorie de transportés colons auxquels l'administration accorde des terrains à défricher, et qui, par la culture, doivent spécialement concourir à la colonisation de la Guyane.

Le Gouvernement, pour compléter cet essai de colonisation et arriver à un résultat sérieux, fit envoyer, des maisons centrales de France, des femmes condamnées pour les marier aux transportés colons les mieux notés. Un premier convoi fut expédié de France à la fin de 1859. Toutes les femmes qui se présentèrent furent acceptées, sans tenir compte ni de leur constitution ni du délit pour lequel elles subissaient leur peine. Leur acclimatation fut difficile; le plus grand nombre périt emporté par les influences funestes du climat. Au mois d'août 1860, il ne restait que 19 femmes sur 34. En 1861, un nouveau convoi fut envoyé, mieux choisi cette fois sous tous les rapports. Toutes ces femmes ont été mariées aux colons, mais en 1862 ces mariages n'avaient produit que 6 enfants.

Les femmes, en arrivant de France, sont internées dans un local spécial, sous la direction de Sœurs de charité chargées de la surveillance et de la discipline. Lorsqu'elles sont mariées, elles vont habiter la case qui leur est désignée par l'administration ; elles sont alors entièrement libres. La prudence aurait dû faire placer ces ménages dans un établissement spécial, et l'on est péniblement surpris de voir les célibataires pêle-mêle avec les colons mariés. Il est impossible, malgré l'extrême vigilance de l'autorité, d'empêcher les communications et de réprimer les désordres qui s'y commettent continuellement. Quelle moralité peut-on attendre de ces hommes pervertis, dont les passions sont sans cesse excitées par la présence de ces femmes déjà prostituées pour la plupart avant leur arrivée à la Guyane? Quelle énergie, du reste, peut-on demander à ces malheureuses condamnées que les fièvres intermittentes conduisent alternativement de leur case à l'hôpital, jusqu'à la fin de leur triste existence.

La transportation des femmes à la Guyane, essayée dans un but louable, est donc loin d'avoir réalisé les espérances de l'administration. Cette mesure, très dispendieuse, est sans avenir et au fond peu philantropique. Les femmes transportées ne peuvent être utiles qu'en aidant leurs maris dans les travaux de culture, et en augmentant la population. Mais l'influence du climat et l'insuffisance de leur nourriture sont des obstacles assez sérieux pour ne faire de la femme qu'un aide sans énergie, sans valeur, et incapable de rendre aucun service.

La stérilité est une conséquence naturelle de la position fâcheuse qui est faite aux femmes transportées ; du reste, la génération qui pourrait résulter de ces mariages n'aurait jamais une constitution assez vigour use pour rendre fertile cette terre deshéritée. De plus, ces enfants nés de la corruption et du vice, sauraient difficilement se plier à des travaux profitables pour la colonie. Leur existence même serait toujours un embarras pour le gouvernement, qui assume sur lui la responsabilité de leur avenir. De quel droit, du reste, l'Etat retiendra-t-il, lorsque l'âge les aura rendus libres, ces nouveaux colons, qui, ne trouvant à la Guyane qu'une misérable existence, sans espoir de l'améliorer, ne voudront pas se fixer sur cette terre où le courage et la bonne volonté sont complètement inutiles. L'Etat sera donc forcé de ramener dans nos villes ces jeunes gens viciés et corrompus dès l'enfance, sauf à les renvoyer pour la plupart à Cayenne, flétris par la justice, conséquence forcée de leur triste sort.

L'intention du gouvernement, en envoyant ces femmes à la Guyane, n'a pas été seulement de débarrasser les maisons centrales de France, son idée première était de coloniser et d'arriver à la civilisation par le mariage. Mais, la position même de la colonie, l'absence de toutes ressources locales ont rendu et rendront toujours de tels essais aussi infructueux qu'onéreux. Les colons et leur famille resteront toujours à la charge de l'Etat, qui ne pourra maintenir cet essai qu'au moyen des plus grands sacrifices. L'Etat accorde le passage pour la Guyane aux femmes libres des transportés, qui, séduites par les lettres qui leur sont adressées, quittent la France pour rejoindre leurs maris condamnés. Aucun transporté ne peut envoyer de lettres en France sans qu'elles aient été préalablement lues par le commandant du pénitencier. L'administration ne devrait pas permettre que, dans des lettres dénaturant complètement sa position personnelle ou celle de la colonie, un transporté puisse faire à sa famille des promesses fallacieuses, dont le résultat est d'augmenter le nombre de ces malheureuses femmes, auxquelles tout retour en France est fermé, et dont la position à la Guyane est aussi navrante que celle des condamnées elles-mêmes.

En résumé, cette espèce de liberté par le mariage, ces promesses faites à celles qui viennent volontairement, peuvent les éblouir et les séduire tout d'abord, mais elles ne tardent pas à être détrompées. Les maladies de toutes sortes, les privations, la rigueur du climat enlèvent à ces malheureuses toute énergie, et les rendent incapables d'aider à la colonisation de quelque manière que ce soit. Plus ces convois deviendront nombreux, plus le gouvernement s'imposera de sacrifices inutiles pour le présent, plus il se créera d'embarras pour l'avenir.

Un mot maintenant sur les condamnés politiques.

Les condamnés pour délits politiques qui subissent la peine de la transportation, sont déposés sur l'*Ile du Diable*, une des îles du Salut. Quelle que soit la faute de ces malheureux égarés, envers lesquels les gouvernements ont cru devoir sévir avec tant de rigueur, on peut dire que le châtiment est terrible. Ces hommes habitués pour la plupart au luxe ou tout au moins aux aisances de la vie, arrachés à leur famille à leurs intérêts, et transportés sous ce climat meurtrier, doivent faire de bien tristes réflexions sur les vicissitudes politiques. L'application d'une pénalité lorsqu'il s'agit d'assurer la tranquillité publique doit être rigoureuse, sans doute; mais dans son interprétation, il ne faut pas oublier les principes de l'humanité. Si ceux qui ont été obligés d'appliquer cette peine terrible, avaient pu en apprécier toute l'horreur, ils auraient certainement hésité avant d'assumer une telle responsabilité. Que l'on adopte cette colonie pour débarasser la société des voleurs et des assassins, les exigences de la sécurité publique sont au moins satisfaites. Mais que la même peine soit appliquée à de malheureuses victimes de la politique, qui, dans notre siècle, fait trop souvent du vainqueur du jour le vaincu du lendemain, l'humanité réclame hautement contre ce châtiment trop cruel en raison de l'espèce du délit. Quelles que soient les dissidences politiques, de telles punitions ne sauraient trouver de sympathie chez une nation aussi généreuse que la France.

Les débarqués, placés sans abri contre les froides brises de la nuit, exposés pendant le jour aux ardeurs d'un soleil brûlant reflété par les rochers, nourris avec la ration insuffisante des transportés, confondus dans les hôpitaux avec le voleur et l'assassin, sont cruellement punis et paient quelquefois de leur vie un moment d'erreur.

Chargés de la santé de ces malheureuses victimes de nos dissentions politiques, nous, dont le premier devoir est une mission d'humanité et de consolation morale, nous avons pu parfaitement apprécier leur position triste et navrante. Si ces quelques lignes, écrites sans passion, mais dictées par la vérité, pouvaient engager l'autorité supérieure à prendre de sérieuses informations, j'ose espérer que ces peines barbares, si contraires aux principes généreux de notre nation et de notre Gouvernement, seraient ou supprimées ou profondément modifiées.

Le dix-neuvième siècle est grand surtout par son humanité : de toutes parts le respect de la vie humaine, le sentiment sacré de la pitié envahissent les âmes; le Gouvernement ne saurait donc résister à cet élan généreux et universel, et persister à maintenir ses déportés sur cette terre meurtrière ou continuer le système de colonisation suivi jusqu'à ce jour.

V

Des travaux d'installation et de culture exécutés par les transportés.—Résultats obtenus.

Les travaux exécutés par la transportation depuis 1852 n'ont produit jusqu'à présent aucun résultat sérieux. Quelques cases ont été élevées sur différents établissements, mais l'humidité continuelle et l'excessive chaleur détruisent en très peu de temps ces habitations en bois. Aux îles du Salut, où sont installés les ateliers de la transportation, où l'on dispose de matières premières, d'outils et d'ouvriers de toutes sortes, c'est à peine si l'administration locale peut faire exécuter les réparations les plus urgentes pour les besoins de la colonie. Les seuls produits utiles qui s'y confectionnent, sont les chaussures et les chapeaux de paille que les transportés utilisent eux-mêmes. Les seules constructions qui aient été élevées sur cet établissement, sont la maison du commandant et celle des Sœurs ; ces constructions du reste sont très convenables comme solidité et comme ameublement. Quant aux officiers, aux fonctionnaires et aux malades mêmes, ils sont logés dans des cases en bois très mal fermées, qui ne les mettent que très imparfaitement à l'abri des insectes et de l'intempérie du climat.

Cet établissement ne possède comme eau qu'une mare *infecte*, très souvent tarie l'été et qui sert à tous les besoins du pénitencier. Toutefois, le commandant fait prendre (pour sa consommation), à l'île Saint-Joseph, de l'eau fraîche et saine. Le service de santé a toujours, par des réclamations énergiques, protesté contre un état de choses si contraire à la salubrité du pénitencier; c'est à cette cause que l'on doit attribuer ces indispositions graves et rebelles, contre lesquelles les médications les plus énergiques sont souvent impuissantes, indispositions qui s'attachent à cet établissement qui par sa position devrait au contraire être un des plus sains de la colonie. On a sous la main tous les éléments nécessaires, et cependant s'il y a dans la colonie un travail urgent, indispensable, il est rare qu'il soit entrepris et exécuté.

Il ne se fait rien de sérieux ni de solide à la Guyane, et l'on croirait que la transportation est toujours sur le point de quitter la colonie. L'année dernière, malgré les avis donnés par le conseil de santé et les hommes compétents, l'administration fit construire un hôpital sur l'établissement de la *Montagne d'Argent*, au sommet du plateau, laissant ses malades sans abri contre les vents du large. Soit que les mesures aient été mal prises, ou que la construction péchât par sa base, arrivé au premier étage, le bâtiment s'écroula.

Le transporté passe d'un travail en cours d'exécution à un autre qui n'est pas commencé. Il n'y a aucune unité ni dans la disposition du travail, ni dans le travail lui-même. Le transporté travaille à peu près six heures par jour, et on peut dire qu'il fait le moins de besogne possible; quel intérêt peut-il avoir? en travaillant avec courage, il n'est ni mieux ni plus mal; après huit ou dix jours de travail, il va passer huit jours à l'hôpital et *vice-versâ*. Sur les cinq cents transportés, répartis en moyenne sur chacun des établissements de la Guyane, si l'on retire ceux qui sont prêtés à l'industrie privée, les maîtres d'hôtel, cuisiniers, jardiniers, hommes de peine, qui sont au service du commandant, de l'état-major, du révérend, des sœurs, des surveillants, des gendarmes, enfin ceux qui sont à l'hôpital, il restera cent ou cent-cinquante hommes à peu près valides pour travailler soit à la culture, soit à la réparation des cases. Il est évident qu'ils sont tellement dessiminés et divisés pour chaque espèce de travail, que le résultat doit être complètement nul. Non-seulement la transportation n'a réalisé aucune amélioration, mais elle ne sait même pas profiter du peu de ressources qu'offre la colonie.

Une maison de France obtint une concession de terrains pour défricher et faire le commerce de bois. De plus, pour faciliter les travaux, on lui permit de disposer de soixante transportés nourris aux frais de l'Etat. Malgré ces avantages immenses, lorsqu'il fallut embarquer les bois coupés et préparés, l'administration ne pouvant disposer de forces suffisantes pour faire sortir du fleuve les navires chargés et leur faire franchir la barre, l'exploitation dût être abandonnée après des efforts et des pertes considérables.

Tout récemment encore, une nouvelle explottation vient d'être accordée à un capitaine d'infanterie de marine, avec le concours de transportés nourris également aux frais de l'Etat. Soutenir une maison de commerce, qui pouvait ouvrir une nouvelle voie à l'industrie française et à l'exploitation des bois de la Guyane, aurait été, si le sacrifice eût pu se compléter, une opération fructueuse et philantropique, mais il nous semble que l'on a agi trop légèrement en accordant les mêmes faveurs à un capitaine, hors cadre seulement, et qui avait déjà montré son incapacité dans une exploitation précédente.

La même opération a été tentée par l'administration, qui cependant pouvait disposer de toutes les forces de la transportation, elle n'a pas mieux réussi. Beaucoup de bois ont été coupés, mais la grande difficulté fût de faire sortir des fleuves de la Guyane des pièces de bois si lourdes et si volumineuses. Quelques bricks venus de France et employés à cet usage ont été obligés de déposer leur chargement pour franchir la barre des rivières.

Aussi ne doit-on pas être étonné si la transportation, éparpillée sans but et sans ordre sur la surface de la Guyane, donnée en partie à tous ceux qui la demandent et qui profitent de son travail, au préjudice de l'Etat qui la paie et la nourrit, n'a jamais produit aucun résultat sérieux.

Dès l'origine de la transportation, une mesure qui pouvait avoir de bons résultats fut prise par l'administration locale. Les condamnés les mieux notés avaient obtenu la permission de travailler dans la ville de Cayenne, tels comme ouvriers, les autres comme domestiques, quelques-uns même pouvant s'établir à leur propre compte, (il y en a encore de cette dernière catégorie). Mais sur la réclamation des habitants choqués de se sentir coudoyés par les transportés, l'autorisation fut retirée ; cette mesure fut prise on peut le dire, trop légèrement. La question de sécurité eût été une affaire de police, et pour quiconque connaît la ville de Cayenne, elle n'eût pas été difficile à résoudre.

La population de Cayenne est composée d'Européens, Américains, etc., négociants venus pour y faire le commerce, et des nègres, mulâtres et créoles, nés dans la colonie. Les réclamations, n'ont pas été faites par les négociants, que le retrait de la transportation de Cayenne, mettrait immédiatement dans une position très critique, ils ont intérêt à ce qu'elle y reste le plus longtemps possible, car sans elle leur commerce serait complètement anéanti. Quant à cette population locale, dont l'orgueilleuse susceptibilité se trouve froissée par ce contact, que deviendrait-elle sans les commerçants et le personnel considérable que le gouvernement croit devoir entretenir à grands frais.

Leurs dépenses journalières, conséquence de leur position, entretiennent et nourrissent cette population molle et sans énergie, qui, sans cette ressource et depuis l'abolition de l'esclavage, serait fort embarrassée, pour pourvoir à son existence. Chez cette race dégénérée, on ne trouve, il faut le reconnaître, qu'ignorance, paresse et orgueil, poussés au plus haut degré.

L'intéret du gouvernement était de se débarrasser d'une foule de transportés auxquels il aurait procuré une espèce de réhabilitation, en leur fournissant les moyens de travailler honorablement. Il n'aurait gardé que cette portion viciée et corrompue dont il n'y a aucun résultat à espérer ni comme service, ni comme moralité, et certes l'argent que le gouvernement à dépensé et dépensera encore pour la Guyane eût été plus que suffisant pour satisfaire aux quelques réclamations qui auraient pu s'élever.

Lorsque l'Angleterre à envoyé ses convicts pour créer ses colonies, elle ne s'est pas arrêtée à de si petits obstacles. Si le gouvernement eût dit à ces quelques créoles ou nègres dont la haute origine croit se trouver souillée au contact de la transportation qui la fait vivre : « nous allons vous indemniser en achetant vos cases, et vous partirez si vous n'êtes pas satisfaits », ils seraient devenus plus traitables, et nous serions depuis longtemps en pleine possession d'une contrée dont on aurait pu tirer parti comme colonie pénitentiaire. On ne craindrait pas à chaque détermination qu'on veut prendre, de voir s'élever des réclamations qui paralysent nos projets et compromettent si gravement les intérêts et l'avenir de notre colonie. Si, au lieu de parsemer la transportation au hazard et sur toutes les parties de la Guyane au caprice de l'administration locale, on eut commencé par créer un établissement central à proximité de Cayenne, facile à approvisionner et à surveiller, les résultats eussent été certainement meilleurs.

Il y a dans cette ville très peu d'ouvriers d'état, tout en respectant l'intérêt des habitants, il eut été facile avec le concours de bras si inutilement employés ailleurs de procurer au chef-lieu de cette colonie des ressources qui lui manquent complétement. Chaussures, vêtements, vivres, tout le rebut des magasins d'Europe ou d'Amérique, est envoyé à la guyane et vendu un prix très élevé.

Quant aux constructions, elles sont faites par des ouvriers nègres ou créoles sans courage et sans intelligence, qui travaillent deux jours par semaine.

La menuiserie, l'ébénisterie, ne fournissent que des produits grossièrement confectionnés, et cependant la Guyane produit des bois qui sont exceptionnels, comme types de richesse et de durée. Si une partie de l'argent qui a déjà été absorbé et le sera encore inutilement, avait été employée à installer des ateliers, où les transportés auraient été admis d'abord pour le compte de l'Etat, et ensuite, selon leur bonne conduite livrés à eux-mêmes, on aurait aujourd'hui dans Cayenne de meilleurs ouvriers, qui par leur intelligence et leur travail, feraient prospérer cette ville qui n'a jamais su se créer aucune ressource, ni profiter de celles qu'elle peut avoir.

Qu'en serait-il résulté ? l'amélioration de leur position matérielle, une nourriture plus substantielle qui leur aurait permis de mieux supporter les influences du climat, et probablement la création d'une ville nouvelle, peuplée alors d'habitants courageux, intelligents et réhabilités par le travail.

Si les travaux d'art entrepris par la transportation pour l'installation de la colonie ont été jusqu'à présent infructueux, les travaux de culture n'ont pas offert de meilleurs résultats.

L'établissement de St-Laurent, a été choisi pour servir de base et de modèle à la culture et à la colonisation de la Guyane. C'est sur cet établissement, que sont internées les femmes envoyées de France, et mariées ensuite aux colons les mieux notés. Placé sur un vaste plateau, sa situation permettrait mieux que partout ailleurs, d'entreprendre une culture sérieuse, si elle était possible à la Guyane.

L'administration locale accorde au transporté colon, une maison, un terrain attenant, une tête de bétail et une partie des forêts non défrichées environnant les pénitenciers.

Dans d'autres conditions de sol et de climat, ces premières avances devraient suffire au besoin du colon et de sa famille ; mais à la Guyane, le sol composé uniformément de sables perméables, recouvert dans certaines parties d'une très légère couche d'humus, se refuse à toute culture fructueuse. On ne peut pas appeler sol de culture quelques minces portions de terrain, qui parce qu'elles sont momentanément abritées, ou qu'elles ont une légère couche d'humus qui disparaîtra à la moindre récolte, ont pu donner quelques resultats insignifiants.

La température, les pluies torrentielles, anéantissent tout ce qui n'est pas végétation locale. A ces mauvaises conditions du sol, il faut ajouter les innombrables insectes qui dévorent et détruisent ce qui a pu échapper aux autres fléaux. A l'aide d'une petite quantité de très mauvais engrais, on parvient à obtenir quelques légumes, les plus indispensables, mais ces produits sont fades et aqueux.

On a semé de l'herbe du Para pour la nourriture du bétail dans quelques portions de terrain nouvellement défrichées et ayant à la surface un peu de terre végétale. Si quelques plants ont apparu isolément, confondus avec les plantes locales, ils se sont trouvé, ou étouffés par cette vigoureuse végétation tropicale, ou tellement mêlés aux mauvaises herbes qu'on n'a pu les récolter.

Le bétail nécessaire à la consommation est acheté par l'Etat et à mesure des besoins. Aucune provision n'est possible, il n'y a ni abri ni nourriture locale; ce bétail arrive du Para dans un état de maigreur effrayant. On le nourrit avec du foin venu à grands frais de France, et une petite quantité de mauvaise herbe produite par le pénitencier.

Il est impossible de labourer la terre, lors du défrichement exécuté presque toujours au moyen du feu, des racines énormes sont restées en terre, quelques-unes avec une partie du tronc. Le transporté colon doit gratter la terre seulement, car, excepté dans quelques rares portions de terrain, la culture à la bêche est elle-même impossible. Il sème, il plante, mais il récolte rarement.

Sept ou huit colons, à force d'un travail opiniâtre, et en usant ce qui leur reste d'existence, ont pu faire prospérer quelques plants de café. C'est qu'aussi le hasard leur avait dévolu une partie du sol abritée et un peu moins mauvaise. On a bien vite reconnu du reste que l'européen ne peut se livrer à la culture sous ce soleil tropical.

On a pu avec la race nègre arriver à quelques résultats insignifiants, si on les compare au grand nombre de bras employés et aux frais qu'ils nécessitent. Ces hommes sont sous leur climat, ont une nourriture toute spéciale, et cependant bien peu arrivent à la vieillesse. L'émancipation a été une œuvre philantropique, sans doute, mais on peut dire qu'elle a été la ruine de nos colonies, et elle n'a pas procuré plus de bien-être à la race noire; les nègres émancipés n'ont aujourd'hui, sauf de rares exceptions, aucune valeur. Ceux qui sont poussés par la faim travaillent juste pour vivre. Le mélange avec le sang européen ne produit pas une race meilleure. L'indolence et le manque d'intelligence croissent en raison du mélange prolongé des deux races. Si la transportation n'avait plus lieu à la Guyane française, cette race molle et sans énergie saurait à peine pourvoir à ses besoins.

L'introduction dans nos colonies et principalement à la Guyane des races indiennes et chinoises, n'ont amené aucune amélioration dans la culture. L'indien est un bon serviteur dans l'intérieur d'une maison, doux, poli, d'une figure agréable, mais d'une très faible constitution et ne pouvant supporter aucune fatigue. Quant à la race chinoise, elle supporte mieux, il est vrai, l'ardeur du soleil, mais elle est paresseuse au suprême degré, et ce n'est pas avec son concours que la colonie pourra prospérer.

Je dirai donc pour me résumer, qu'on n'est arrivé à aucun résultat sérieux à la Guyane, soit comme installation, soit comme culture. Le climat, la nature du sol, y sont pour beaucoup, il est vrai, mais la dispersion des pénitentiers, la mauvaise administration, l'absence d'inspection et de contrôle, sont autant de causes qui ont puissamment contribué à cet insuccès.

VI

DES ÉTABLISSEMENTS PÉNITENCIERS
DE LA GUYANE FRANÇAISE.

Considérations générales, Administration et résultats obtenus.

A l'établissement de la transportation, quand le Gouvernement dirigeait ses condamnés sur la Guyane française, l'administration locale envoyait dans l'intérieur de la colonie, et sous la direction d'officiers de toutes armes, les transportés nouvellement débarqués, pour y créer tous ces établissements inutiles dont elle est parsemée.

Neuf pénitentiers sont desséminés sur son territoire, ce sont : *St-Georges*, la *Montagne d'Argent*, l'*Ile la Mère, Cayenne*, *Montjoly*, les *Iles du Salut, Kourow, St-Laurent* et *St-Louis,* ces deux derniers sur la rive droite du *Maroni*. Deux ont déjà été évacués, *Ste-Marie* et *St-Augustin*, à la Comté.

De *St-Louis* à *St-Georges,* les deux points extrême de la Guyane dans sa longueur, la distance à parcourir est au moins de 270 milles, soit environ 90 lieues. Cayenne est le point central. La durée du voyage pour chaque goëlette, de Cayenne, soit à *St-Louis,* soit à *St-Georges,* est en moyenne de 12 jours; il est inutile de faire remarquer quelles dépenses et quelles difficultés entraînent l'approvisionnement et l'entretien de ces établissements. Ajoutons à cela la nécessité pour l'administration d'avoir un matériel et un personnel de marine considérable et dispendieux, uniquement occupé à parcourir le littoral.

Si nous examinons les deux pénitenciers extrêmes, nous voyons à *St-Louis* un résultat complètement nul; on se demande quelle pensée a pu faire choisir un emplacement marécageux, large de trois cents mètres à peine, continuellement inondé au moment des marées, resserré qu'il est entre la crique *Ballathé* et le fleuve *Maroni*. Il n'offre aucune ressources, ni comme salubrité, ni comme emplacement, et encore moins comme productions. Quant à celui de *St-Georges*, situé au milieu des marais de l'*Oyapoch*, il est d'une telle insalubrité, que les noirs mêmes, qui sont spécialement transportés sur cet établissement, comme devant mieux résister au climat en raison de leur constitution, ne peuvent supporter les influences pernicieuses de cet atmosphère ; aussi en a-t-on décidé l'abandon, malgré les dépenses énormes faites pour l'installation d'une sucrerie et d'une distillerie, qui du reste n'ont jamais donné aucun résultat.

Si l'on choisit deux autres établissements un peu moins éloignés de Cayenne, et dans de meilleures conditions de salubrité, comme la *Montagne d'Argent*, à 60 milles de Cayenne, et *St-Laurent-Maroni*, à 150 milles; les résultats comme produits ne sont pas meilleurs. La seule récolte qui pourrait être sérieuse à la *Montagne d'Argent*, est celle du café. Cinquante mille plants de café en plein rapport poussent sur une habitation achetée par le gouvernement lors de l'établissement du pénitencier Mais les insectes, les transportés, et aussi l'absence de surveillance, diminuent considérablement cette récolte, et les magasins de la marine n'en reçoivent qu'une quantité très minime. Sur l'établissement de *St-Laurent*, choisi comme modèle de culture et de colonisation, et sur lequel sont installés les ménages, l'administration déploie toutes les ressources dont elle peut disposer pour arriver à un bon résultat. En outre, il est dirigé par un homme habile et intelligent, mais les sacrifices d'hommes et d'argent, ainsi que l'intelligence, sont inutiles là où la nature n'offre aucune ressource.

On y plante et l'on y sème tabac, sesame, maïs etc., huit jours après, les jeunes plants stimulés par la chaleur et l'humidité apparaissent verts et vigoureux. Mais les intempéries du climat détruisent en un instant cette perspective de récolte, et ce qui peut échapper à cette destruction est dévoré par les fourmis rouges. Les autres établissements placés pour la plupart dans de moins bonnes conditions donnent encore de plus mauvais résultats.

L'administration quand elle doit prendre une décision consulte trop rarement les hommes compétents

Chaque gouverneur a voulu créer son pénitencier, s'occupant fort peu de la salubrité de l'emplacement et de ses ressources, aussi en est-il résulté, comme nous l'avons déjà fait observer, que quelques-uns, après des sacrifices énormes, ont dû forcément être évacués, d'autres le seront sans doute encore.

Que d'hommes et d'argent ont coûté les deux pénitenciers de la Comté! Lors de l'évacuation de ces établissements, le matériel, installé primitivement, graces à des frais énormes, était tellement détérioré, qu'il pût à peine être transféré et utilement employé ailleurs.

Ces pénitenciers ne sont aujourd'hui que de vastes tombeaux, recouverts par une vigoureuse végétation, et reprendront bientôt leur farouche aspect. On cherche en vain les ruines de ces vastes travaux. Une croix reste seule, indiquant la place où furent inhumés trois jeunes officiers de santé, victimes inutiles de la discipline et du devoir. Pas un n'est revenu sans être gravement atteint.

L'évacuation du pénitencier devait avoir de tristes et derniers résultats. La suppression résolue, tout le personnel fut rappelé, et le chirurgien fut chargé à la fois du service de santé et du commandement. Au commencement d'août 1861, cet officier se sentant gravement atteint, se fit transporter à Cayenne, où il expirait quelques jours après. Celui qui le suivait sur la liste, désigné pour le remplacer, était un jeune chirurgien, atteint depuis longtemps de fièvres et d'anémie ; appelé devant le conseil de santé, il fut invité à céder son tour : « Non, répondit-il, je par» tirai ; car si un malheur arrivait, je ne me le pardonnerais pas. » Il partit en effet et revint peu de temps après mourir à Cayenne.

L'administration peut se tromper sans doute, mais il faut le dire, dans des questions aussi sérieuses et qui compromettent si gravement la vie des officiers envoyés aux colonies, elle n'accepte pas toujours les conseils qui lui sont donnés par les hommes compétents. Le caprice a souvent trop de part dans la création de ces établissements. Si aux motifs exposés précédemment on ajoute la difficulté d'approvisionner tous ces points éloignés, l'impossibilité de les relier ensemble par aucune voie de communication, et l'obligation d'avoir sur chaque pénitencier, un personnel nombreux, des magasins et des hôpitaux entretenus à grands frais, dont le matériel disparaît en peu de temps, détérioré par le climat et dévoré par les insectes, on reconnaîtra l'inopportunité de disperser la transportation sur tous les points de la Guyane. L'inspection et le contrôle sont impossibles sur ces établissements éloignés du chef-lieu ; chaque chef de pénitencier est maître absolu, les travaux sont exécutés souvent sans ordre et sans profit pour le bien-être de la colonie.

Pain, vin, viande fraîche et salée, légumes, fourrages, vêtements, tout ce qui est nécessaire aux besoins de la colonie est envoyé à grands frais de France, et les dépôts de transportés pour lesquels le Gouvernement fait de si grands sacrifices, sont incapables, malgré le grand nombre de bras mis à la disposition de l'administration, de produire le moindre résultat.

La direction des pénitenciers est confiée à un officier d'infanterie de marine ; il doit inspecter les établissements, y faire les modifications nécessaires, recevoir les réclamations et les rapports des officiers sous ses ordres ; le service se centralise à Cayenne. Ces rapports devraient nécessairement être contrôlés à l'aide de visites administratives. Un service aussi important et aussi largement rétribué, exigerait au moins la présence et tous les soins de l'officier chargé de l'emploi. Mais à la Guyane, le directeur est de tous les officiers celui qui visite le moins les établissements pénitenciers. Détaché en service pendant quinze mois sur celui de *St-Laurent*, je n'ai jamais vu le directeur ni aucun des officiers sous ses ordres ; il se contente de recevoir à Cayenne les rapports qui lui sont adressés. Ces rapports peuvent être très exacts sans doute ! mais ils auraient besoin de contrôle. On est péniblement surpris de voir un des premiers fonctionnaires de la colonie, que son service appelle presque constamment sur les pénitenciers, rester continuellement au chef-lieu, et abandonner à des employés subalternes, le soin d'une surveillance qu'il pourrait seul bien exercer. Quelles sont les conséquences de cet état de choses ? J'ai vu, et tous mes collègues ont pu voir comme moi, un officier commandant un des premiers établissements de la Guyane faire confectionner par les transportés distraits de leurs travaux et avec les matières de l'Etat, assez de meubles pour en charger un chaland, et les faire vendre ensuite aux enchères publiques à Cayenne, sous les yeux de l'autorité qui ne pouvait ignorer l'origine de ce nouveau mobilier !

Si le commandant d'un pénitencier se met dans une position aussi fausse, il est certain que le fonctionnaire inférieur, le transporté même, peuvent se croire le droit de les imiter. D'ailleurs la répression est impossible dans cette circonstance. Quel est le plus répréhensible ? ou du commandant qui se livre à des actes aussi coupables, ou de l'administration qui laisse passer et qui ferme les yeux ? J'en pourrai citer d'autres encore, mais ce fait pris au hazard démontre suffisamment que le service de la transportation n'a été depuis 1852 que très dispendieux et tout-à-fait improductif pour l'Etat ; et si les plaintes réitérées de l'administration supérieure ont forcé l'administration locale à apporter quelques legères et superficielles modifications, les petites réformes opérées après d'énergiques réclamations sont insuffisantes et le but est loin d'être atteint.

L'officier du commissariat de la marine, mis depuis peu à la disposition de la direction pour vérifier et inspecter l'emploi des matières envoyées et le résultat des travaux confectionnés sur les établissements, est insuffisant pour exercer un contrôle utile et sérieux. L'infériorité de son grade ne lui permet pas, lorsqu'il arrive sur un pénitencier, de relever une erreur ou un abus d'un commandant ou tout autre officier qui lui est supérieur.

Le directeur a sous ses ordres des officiers détachés pour commander les établissemeuts pénitenciers de la Guyane. Tout en rendant justice à leurs talents militaires, il faut reconnaître qu'ils n'ont pas les aptitudes spéciales que réclame leur emploi. L'anomalie de grade détruit, ou compromet souvent la bonne harmonie dans le service, car presque toujours le commandant est inférieur en grad : à certains officiers détachés sur son pénitencier. Quelles connaissances d'ailleurs peut avoir comme administrateur un jeune sous-lieutenant sortant de l'école ou de l'armée ? Son début laissera toujours beaucoup à désirer. Un commandant, étant maître absolu sur son pénitencier, ce poste exige des hommes sérieux, pouvant prendre dans un moment donné, une résolution énergique, tout en évitant les abus d'autorité.

D'après cet exposé rigoureusement vrai, on a pu voir que la *Guyane* était loin d'avoir réalisé les espérances conçues primitivement et entretenues par des rapports toujours plus sérieux dans la forme que dans lefond. On a pu juger du résultat. Est-ce à dire qu'il n'y ait rien à faire et que tout soit dit sur cette colonie ? Sans vouloir prétendre que l'on puisse en retirer de grands avantages, il me semble qu'une administration mieux conçue et un autre système de colonisation pourrait donner de meilleurs résultats.

CONCLUSION

Nous résumerons rapidement ce qui a été développé précédemment.

Nous avons examiné l'état géologique et atmosphérique du sol et du climat de la Guyane Française et les conséquences qui en résultent.

Nous avons montré la position de la transportation, et comme colonisation et comme résultat, et nous avons pu conclure à l'inutilité des efforts et des sacrifices faits par la France. Devons-nous reconnaître notre impuissance comme colonisateurs ! Manquons-nous de persévérance ? Ou plutôt les administrateurs chargés de la direction de cette colonie, ont-ils bien compris l'importance de la mission qui leur était confiée.

A quoi attribuer les mauvais résultats obtenus sur notre colonie, lorsque nous voyons, à côté de nous, les Guyanes anglaises et hollandaises, qui comme sol, comme climat, comme dispositions de terrain, sont très inférieures à la nôtre ; avoir une position si florissante et un avenir si brillant. A cinquante lieues de la Guyane française, se trouve le chef-lieu de la Guyane hollandaise, *Surinam* qui compte 40,000 habitants, et à cent-cinquante lieues le chef-lieu de la Guyane anglaise, *Déméraryy* qui en compte 80,000.

Nous pouvons avancer, sans crainte de nous tromper, que ce n'est pas seulement par philantropie, que la Guyane anglaise reçoit nos évadés. La position faite à ceux qui n'ont pas d'état, qui manquent d'intelligence ou de courage, est plus misérable que celle qu'ils avaient à la Guyane française. Mais celui qui est intelligent et travailleur s'apperçoit bien vite qu'il est l'objet d'une protection occulte, qui le soutient et l'encourage. Son travail profite au colon qui l'emploie avec discernement, et par suite à l'Etat, qui se ressent de la fortune et de la prospérité de ses nationaux.

De plus il est libre !

L'Angleterre n'est arrivé à un résultat aussi brillant, qu'en laissant aux travailleurs colons la plus grande liberté dans tout ce qui n'est pas incompatible avec la sécurité publique. Elle n'a pas craint de sacrifier l'intérêt de quelques créoles ou nègres, à l'intérêt général de la métropole et de la colonie. Si la Guyane hollandaise rend les évadés à l'autorité française, c'est que l'administration a compris, qu'en les admettant parmi ses esclaves nègres, elle introduisait chez elle un germe de désordre. Ces esclaves en effet, déjà si difficiles à fixer, et auxquels elle a su, sans les émanciper, donner toutes latitudes et toutes garanties compatibles avec l'intérêt de leurs maîtres, arriveraient, au contact des évadés français, à demander leur émancipation, ce qui amènerait la ruine de la colonie. La Hollande, pour soutenir sa Guyane, fait sans doute quelques sacrifices, mais elle sait les répartir avec intelligence; c'est ainsi qu'elle paie un tribut à quelques peuplades nègres, qui sans cela exciteraient les esclaves et les entraîneraient à la révolte.

La France, nous l'avons dit, a toujours largement fait face aux frais de la colonie. Mais toutes ces sommes dépensées, sans plans arrêtés, en hésitations et à la légère, n'ont donné aucun résultat. Tous les sacrifices seront toujours inutiles s'ils continuent à être si mal dirigés. L'administration locale se croit trop obligée d'écouter les conseils des habitants qui font toujours prévaloir leur intérêt avant celui de la mère-patrie; elle s'entoure, du reste, de gens inhabiles au conseil et à l'exécution, qui compromettent l'avenir de la colonie.

Aujourd'hui la France hésite et se demande si elle doit changer de voie ou laisser subsister l'ancien état de choses. Mais après dix ans d'essais infructueux, l'hésitation n'est pas permise. Si la transportation doit rester à la Guyane pour des raisons que le Gouvernement peut seul apprécier, il faut malgré la crainte de froisser certaines susceptibilités :

1° Eviter de parsemer les transportés dans la Guyane, sous prétexte de trouver enfin telle ou telle terre plus propice à la culture. Nous croyons avoir suffisamment démontré que cette dispersion de la transportation est très onéreuse et sans résultat.

2° Placer les établissements dans l'île de *Cayenne*, et sur le littoral compris entre l'*Ile la Mère* et les *Iles du Salut*, de manière à faciliter la surveillance et l'approvisionnement.

3° Créer un directeur et un inspecteur non militaires, chargés de surveiller et de contrôler les dépenses et les productions des établissements ; en substituant aussi des commandants de pénitenciers civils aux commandants militaires, on éviterait cet inconvénient fâcheux de froisser les lois de la hiérarchie.

4° Retrancher le taffia donné en ration aux transportés ; cette liqueur abrutit l'européen sans lui donner aucune énergie. La question du vin si importante dans ce pays n'a pas été sérieusement étudiée; divers essais tentés sur quelques établissements ont démontré que le vin peut remplacer avantageusement le sulfate de quinine, ou du moins en diminuer considérablement l'emploi. Tous ces hommes anémiques, pour combattre ces accès de fièvres, qu'on peut appeler fièvres d'épuisement, ont plus besoin de toniques que de médicaments.

5° Il faudrait enfin créer un service de santé spécial pour la colonie. Les jeunes chirurgiens envoyés de France aussitôt après leur sortie de l'Ecole de médecine navale arrivent à la Guyane sans aucune expérience, ni des maladies locales, ni des moyens curatifs. Ils sont détachés seuls sur un pénitencier, et se trouvent souvent très embarrassés dans quelques circonstances graves, privés qu'ils sont de tout guide et de tout conseil.

Leur acclimation est difficile, et c'est lorsqu'ils pourraient rendre quelques services par la pratique acquise, qu'ils sont rappelés en France. Chaque officier de santé est détaché à son tour sur un établissement; son temps fini, il rentre au chef-lieu, et celui qui le remplace se sert rarement des mêmes moyens curatifs. De là des différences de traitement qui sans profiter aux malades sont dispendieux pour l'Etat. Un service de santé composé de médecins et de pharmaciens civils engagés pour dix ans, remplirait mieux le but de l'administration sous le rapport de l'économie du service et du bien-être des malades.

Le Gouvernement en envoyant ses transportés à la Guyane a voulu créer une colonie. Comment coloniser, si l'on ne donne pas aux gens d'état, menuisiers, mécaniciens, etc, les moyens d'employer utilement leurs forces et leur intelligence? Pour créer une colonie, il ne faut pas que des colons agricoles. Et lorsque les transportés seront employés chacun selon sa profession respective, les agriculteurs devenus moins nombreux pourront tirer parti des terrains compris dans l'*Ile de Cayenne*, qui sont les meilleurs de la colonie.

Il y a évidemment plus de ressources dans l'intelligence et le travail des transportés utilement employés, que parmi tous ces ouvriers nègres, mulâtres ou créoles, qui n'ont aucune bonne volonté. La France est grande et généreuse. Le glorieux chef de l'Etat en a fait une nation puissante et honorée entre toutes. Quand on y parle au nom de l'humanité, on est sûr d'être écouté avec bienveillance. Je ne dois donc pas craindre, me basant sur les faits matériels que je viens d'établir, de poser l'alternative suivante : Si l'on veut rester à la Guyane, il faut nécessairement changer l'état de choses établi. Si l'on ne veut rien changer, il faut choisir un autre lieu de deportation. Sur une terre pouvant rendre ce qu'on demande d'elle, les condamnés reprendraient de l'énergie et se régénéreraient par le travail, ce sauveur des âmes fourvoyées.

Espérons donc que le temps n'est pas loin, où le Gouvernement cherchera un autre lieu de déportation, ou prendra des mesures nécessaires pour améliorer la position des établissements de Cayenne, et arriver par suite à des résultats sinon parfaits, du moins beaucoup plus satisfaisants que ceux obtenus jusqu'à ce jour.

Lille. Imp. Mme Bayart.

www.ingramcontent.com/pod-product-compliance
Ingram Content Group UK Ltd.
Pitfield, Milton Keynes, MK11 3LW, UK
UKHW032006260826
14628UKWH00005B/2320

9 782013 283328